幸福企業如何幸福？
夢想起飛～薰衣草森林

創辦人/ **詹慧君** Grace　　創辦人/ **林庭妃** Tiffany

> ## 主要學歷
> 兩個女生都是逢甲大學 EMBA
> 文化創意產業管理組

> ## 人生最想去完成的三件事
> Grace（1970～2013）
> ❶ 做自己想做的事
> ❷ 多幫助別人
> ❸ 希望自己能一直保持快樂
>
> Tiffany
> ❶ 能一直彈鋼琴
> ❷ 做自己想做的事——透過香草專業與長者分享
> ❸ 旅行

關於夢想‧
關於兩個女生

師大的學生李佳穎跟我分享了《兩個女生的紫色夢想》一書的讀後心得，她的文字平順、真摯又動人，加上四頁的心得裡有很多她自己手繪的插圖，閱讀起來讓我覺得輕鬆、也讓我覺得感動。

在最後一頁，她是這樣跟我分享的，她說：「這本書給我最多的，不是如何管理薰衣草森林的方式，而是兩個女生勇於追夢的感動。『勇於追夢』這四個字，對我來說，就如天上的星星難以摘取，因為我的『勇』很少，總是擔心這兒、擔心那兒的。害怕給家人帶來負擔；害怕自己沒天分做不到最好，所以我的『夢』，就越磨越小，小到前一陣子我根本覺得我沒什麼夢想，甚至把夢想解釋為『夢中的想像、永遠達不到的希望』。」

我看到佳穎寫的「我的『勇』很少」，讓我有點心酸，但在心得最後的結語，我看到了轉折，她是這樣跟我說的：「……但，看到這本書後我好感動，好像又燃起了我對夢的嚮往，想要去試一試自己曾經很想要、但又被眾人否定的東西，那就是『畫圖』這件事。我從小就很喜歡東畫畫、西畫畫，但畫畫被認為是沒有前途的技能，而被迫漸漸地遠離它……」

佳穎的故事，讓我看到了一本書可能產生的力量，也看到了一個創業的歷程背後的夢想故事，可以發揮多麼巨大的影響。

薰衣草森林對我而言，不僅只是一家頂尖企業而已，它所代表「勇於追夢」的故事及「永不放棄」的精神，是一家企業最美的風景。

為了去體悟這個風景與背後的艱辛，我決定從台中火車站出發，頂著冬日的太陽，騎著我的捷安特單車，一路往薰衣草森林創業之初的新社山區騎去。那是長長的 32 公里山路，車少人稀，越行路越小，最終掩沒在曲折的山徑中。我實在很難想像會有人到這個地方來開咖啡館，十幾年前、兩個女生，那是需要多麼大的勇氣！

如今，路已走出曲折的山徑，規模已大到當時兩個女生難以想像的地步，除了薰衣草森林主體外，還涵蓋了：餐廳、民宿、商品、婚禮……十多年來，薰衣草森林一直是台灣青年創業的最佳典範，給了許多人希望與鼓勵。還有許多有趣、有夢想的事要在薰衣草森林發生，讓我們一起來看看這個夢想與勇氣交織的兩個女生的故事。

幸福企業
如何幸福?

夢想起飛～薰衣草森林[*]

我是庭妃,一個來自高雄的鋼琴老師,非常喜歡音樂,夢想是開一家咖啡廳,原因是某一次到日本的旅行中,意外走進一家充滿琴聲的咖啡廳,從此愛上這種氛圍,希望有一天能夠將這份美好分享給更多人。而我的夢想,在多年前跨出第一步。表哥王村煌打來一通電話,興致沖沖地跟我說,在台中新社有塊地可以完成我開咖啡廳的夢想,甚至還幫我找了一個想要種薰衣草田的女生,成為我的夥伴。

爸爸一開始非常反對,根本不相信會有人跑去偏僻的山區喝咖啡,也怕我會受苦,但我秉持著「雖千萬人,吾往矣」的想法,做了再說吧!於是辭去工作,帶著積蓄以及心中的夢想,離開了高雄,來到遙遠的新社山區,過著農村的生活,彷彿與世界疏離。閒來無事便開始在家照著食譜製作未來店裡要賣的蛋糕、餅乾,即使樣子歪七扭八簡直慘不忍睹,但還是令我感到無比的快樂與成就感。

▲ 夢想的起源～新社「薰衣草森林」

某一天,當我和媽媽頂著暑氣與烈日,正在整理田地時,遠方突然有部車駛近,走下車的是表哥村煌以及表嫂,後面還跟著一個瘦弱嬌小的女生,穿著合身套裝、蹬著高跟鞋伴隨著一股雅詩蘭黛的香水味飄到我面前。這時表哥說:

* 本個案係由台灣師範大學運動休閒與餐旅管理研究所**王國欽**老師、輔仁大學餐旅管理學系暨研究所**駱香妃**老師、國立屏東大學休閒事業經營學系研究所**陳玟妤**老師與欣聯航國際旅行社(雄獅集團關係企業)總經理**陳瑞倫**博士共同撰寫,其目的在作為兩岸學子課堂討論之基礎,而非指陳個案公司事業經營之良窳。個案內容參考公司實務,並經編撰以提升教學效果。本個案之著作權為王國欽所有,出版權歸屬心理出版社股份有限公司。

▲感動人心的「請不要放棄」

　　「庭妃，這位是慧君，妳表嫂同學，是未來要跟妳一起開咖啡廳的夥伴。」

　　看著她纖細的身形，加上熱氣使人頭暈，我不禁懷疑地暗忖：「這個女生真的能跟我一起創業嗎？會不會逃跑啊？」

　　後來我才知道，這個叫慧君的女生，第一眼看到我時，覺得我是個強壯、可以扛下很多事情的人，對比我對她的第一印象，不禁令我莞爾。慧君來自苗栗卓蘭，本來在台北花旗銀行上班，擁有穩定且令人稱羨的工作，但心中一直有個夢，想種一畝薰衣草、嚮往當農夫的生活，所以，她也離開了原本的生活，來到了這裡。雖然歷經了母親與男友的反對，但她還是和我一起堅持了下來。而咖啡廳的名字呢？因為在門口我們種了一小片的薰衣草，門後則有著一片廣大的森林，那麼，就叫「薰衣草森林」吧！於是，

　　我負責開發香草糕點與採買設備，而慧君負責香草花茶，並且發揮她繪畫的天分，設計文宣品以及沿路指標，加上表哥一家人的幫忙，開始了我們的圓夢計畫。

　　但是，容易達成的就不叫夢想了！開店的初期，由於我和慧君都沒有餐飲相關背景，不管是菜單設計、員工管理等等都是土法煉鋼摸索出來的，常常面臨顧客抱怨、人力不足，甚至擔心營業額過低、不能打平基本開銷的狀況。慧君與我也經歷了一段磨合期；她總是覺得我太隨興，但我總是覺得不需要太一板一眼。而 2004 年的七二風災，則是我們面臨最嚴苛的考驗。連日大雨造成山區聯外道路崩坍、溪水暴漲、電線桿攔腰折斷、停水停電、沒有收訊，薰衣草森林彷彿一座孤島。心急如焚的我們想盡辦法也要上山看看，平常開車只要 10 分鐘的路途，因為道路不通，我們徒步走了兩個小時，直

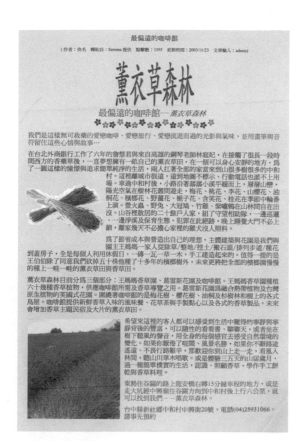

薰衣草森林

最偏遠的咖啡館—薰衣草森林

我們是這樣無可救藥的愛戀咖啡、愛戀旅行、愛戀流逝而過的光影與氣味，並用畫筆與音符留住這些心情與故事…

在台北外商銀行工作了六年的詹慧君與來自高雄的鋼琴老師林庭妃，在接觸了很長一段時間西方的香藥草後，一直夢想擁有一畝自己的薰衣草田，在一個可以身心安頓的地方，為了一圓這樣的憧憬與追求簡單純淨的生活，兩人扛著全部的家當來到山很多樹很多的中和村。這裡離城市很遠，遠到地圖不標示、行動電話也講不上用場。車過中和村後，小路沿著潺潺小溪平緩而上，層層山巒，陽光空氣在樹木花叢間遊走，梅花、桃花、李花、山櫻花、油桐花、檳榔花、野薑花、梔子花、含芙花、桂花在季節中輪番上演。螢火蟲、野兔、大冠鷲、竹雞、紫嘯鶇在山林間自在出沒。山谷裡散居的二十餘戶人家，組了守望相助隊，一邊巡邏、一邊淨溪及保育生態，犯罪在此絕跡，晚上睡覺大門不必上鎖，離家幾天不必擔心家裡的狗沒人照料。

為了節省成本與釀造出自己的理想，主體建築與花園是我們與園主王媽媽一家人從除草/整地/挖土/搬石頭/排列步道/種花到蓋房子，全是每個人利用休假日，一磚一瓦一草一木，手工建造起來的。值得一提的是王伯伯除了同意我們砍掉五十株他種了十多年的檳榔樹外，未來更將把全部的檳榔園慢慢的種上一畦一畦的薰衣草田與香草田。

薰衣草森林目前分為三個部分：王媽媽香草園、葛雷斯花園及咖啡館。王媽媽香草園種植六十幾種香草植物，供應咖啡館所需及香草導覽之用。葛雷斯花園為融合熱帶植物及台灣原生植物的英國式花園。圍繞著咖啡館的是梅花樹、櫻花樹、油桐及杉樹林和樹上的各式鳥屋。咖啡館提供新鮮香草入味的風味餐、花草茶與手製點心以及各式的香草製品。未來會增加香草主題民宿及大片的薰衣草田。

希望來到這裡的客人都可以感受到生活中難得的事靜與寧靜背後的豐富，可以隨性的看看書、聊聊天，或者坐在樹下聽風的聲音，用全身的每個感官去感受自然環境的變化。如果你厭倦了吆喝、風景名勝，如果你不辭路途遙遠、不畏行路艱辛，那歡迎你到山上走一走，看風入林間，聽山川草木唱歌。或是體驗三五天的山居歲月，過一種簡單樸實的生活，認識、照顧香草，學作手工餅乾與香草料理。

東勢往谷關的路上龍安橋右轉15分鐘車程的地方，或是走大坑經中興嶺往谷關方向到中和村再上行六公里，就可以找到我們——薰衣草森林。

台中縣新社鄉中和村中興街20號。電話(04)25931066。請事先預約。

▲ 最偏遠的咖啡館

到聽見員工們的歡呼聲，確定園區內的人員平安、設施也沒有太多的損壞後，總算是鬆了一口氣！但媒體的報導可能會讓民眾誤以為薰衣草森林災情嚴重甚至倒閉，因此我們規劃了一個「請不要放棄」的宣傳方案，對外透過網路、電子郵件以及報章雜誌傳達薰衣草森林園區安然無恙的消息，並寫了一封公開信鼓勵內部員工。經過了種種的挫折與困難，我們的夢想，終於越走越踏實。

　　而我們的創業故事，在一封題名「最偏遠的咖啡館——薰衣草森林」蔓延到各地且被瘋狂轉傳的電子郵件中萌芽。信件內容敘述著我們的夢想以及偏遠咖啡館的美麗傳說，後來有越來越多人慕名而來，將我們的夢想與勇氣，傳播給更多人。而現在，在台中新社、苗栗明德等地都能看到我們的夢想發芽。

築夢踏實——品牌發展

　　薰衣草森林的成功，充滿許多的機緣巧合與故事性。除了兩個女生的努力外，重要功臣當然少不了將兩人變成夥伴的王村煌董事長。王村煌董事長說，很多人發展品牌時常常使用競爭者分析、五力分析等商業管理策略，但他發現，有這麼多的連鎖咖啡店林立，而顧客仍願意長途跋涉，來到薰衣草森林；不是為了一杯咖啡、一份餐點，而是追尋著兩個女生對於夢想的勇氣。薰衣草森林能夠提供給顧客的，是一種體驗以及「幸福感」，因此，薰衣草森林每做一件事情都會問自己：

「喜不喜歡？開不開心？有沒有意義？」

　　後來的品牌：販售香氛及職人選品的「森林島嶼」；提供餐飲服務的「桐花村」、「好好」；舉辦婚禮的「心之芳庭」以及提供住宿的「緩慢」、「緩慢尋路」、「漂鳥」的發展，也都依循著這樣的精神創立，而這些品牌也都是薰衣草森林成長茁壯的養分，以下將為大家一一介紹這些品牌的故事。

▲ 王村煌董事長是薰衣草森林的關鍵推手

◉ 森林島嶼～將森林的美好日常帶入生活

森林島嶼 Forestmosa，以體現「台灣的生活美感」為出發點，原創企劃出主題式展覽型的選物店。森林島嶼成立之初，原來的名稱為「香草舖子」，第一家店在 2007 年成立於台中新社。

起初，香草舖子只是向國外進口產品販售，後來，薰衣草森林開始嘗試自己製造商品來取代寄賣商品的方式，創造屬於薰衣草森林自己的品牌商品。這其中也包含了另一個夢想故事。董事長王村煌的弟媳——靜怡，曾經在紐西蘭的市集買到當地人製作的手工綿羊香皂，無論味道、觸感以及對於肌膚的溫和不刺激都讓她印象深刻，並且不會造成環境汙染，因此讓她也想嘗試使用天然的材料製作香皂。不過，和庭妃、慧君的創業一樣，因為過去沒有相關經驗，只能靠自己不斷研發、測試，在現實環境下，便遭遇了通路不足、產品數量不夠、研發等等問題，虧損了三年。鑑此，香草舖子在研發及生產產品前都會事先做好市場調查，針對客人喜好及朝客製化的方向前進，經過一番努力後，產品受到許多客人的喜愛，香草舖子的成長漸入佳境。

隨著消費模式的轉變，消費者環保意識抬頭，自 2016 年起香草舖子開始轉型，更名為「森林島嶼」，延續香草舖子「與自然共好」的品牌理念，進一步將台灣在地的自然、人文等寶貴資源，包含這片土地美麗的風貌，經由職人與設計師的共同創作，淬鍊成多元又環保的商品，希望帶給愛惜台灣這塊土地的人們更多美好的生活體驗。

▲ 充滿薰衣草特色的「香草舖子」，延續與自然共好的理念蛻變為「森林島嶼」

▲ 充滿設計感與生命力的森林島嶼

森林島嶼店內還結合了互動式策展空間，例如在 2021 年展出的「花森什麼事」策展，將台灣最具代表的山蘇、鹿角蕨、龜背芋等植物為主題，結合皮革揉捻技術，展現蕨類植物的獨特性及生命力；展覽空間包括「擁抱森林」、「森覺力」、「美好生活」三個展區，觀賞者進入展區就可以聞到「雲霧森林」的氣味，也能聽到收錄自薰衣草森林園區中晨間的風聲鳥鳴，交織出溫柔的協奏曲。展架上的選物，包含生物可分解的沐浴用品、保養品、香氛精油等，還有延續台灣早期木工與藺草的老師傅手工藝作品，像是藺草帽、木頭製品等，希望讓國寶級的工藝能夠傳承，並且成為日常使用的好物。目前實體店面包含：台中薰衣草森林的新社店，還有尖石、大坑、審計新村、南庄、車埕、清境、古坑等地區皆設有據點。

◉ 桐花村、好好～樸實、共好的幸福

目前在薰衣草森林的品牌中，主打餐飲的有「桐花村」（Hakka Lifestyle）以及「好好」（Good Days）兩個品牌。

「桐花村」的成立，源自於慧君是客家孩子，從小媽媽在苗栗縣卓蘭鎮的市場賣客家米食。為了向大眾傳遞客家米食的美好、客家的文化，並保有台灣地方文化的特色，因而有了成立「桐花村」的想法。在交通、資訊發達，異國文化不斷湧入的現代，希望大家不要忘記了台灣本土文化，並且能帶著舊傳統走向新時代。

「桐花村」位於苗栗三義充滿客家特色的木雕街上，在這裡，運用了大量的客家元素，例如：花布、竹燈籠、爐灶等客家傳統風情，並與現代建築結合，營造出符合客家文化的風情。餐飲方面，以傳統簡單的菜色與創意結合，比方說「梅干扣肉哈燒堡」，形成精緻的客家創意料理，創意翻轉了客家美食，也保留住客家的人情味及文化的傳遞，讓每位顧客都能享受到客家婦女勤儉樸實的幸福味道。

而「女子、女子＝好好」這個品牌呼應了薰衣草森林是由兩個女生開始的故事，另一個意涵則想分享生活的「美好」及利他的「共好」，達到美好與共好的幸福！特別的是，以往薰衣草森林企業總是將版圖建立在深山或鄉村中，第一間「好好」則坐落於台中市西屯區。這次的跨越，將薰衣草森林的美好搬到大城市中，分享給城市的人們。

「好好」的設計概念如同森林體系的多元豐富，集結了各方的好朋友，依照他們的特色共同設計如下：

- 空間策展人——毛家駿[1]，是個喜歡在生活中找靈感，對周遭永保新鮮感的創作者。

- 插畫策展人——良根[2]，創作靈感為生活

中的小感動,將台灣生活中的場景與見聞呈現在他的畫中,也凸顯出最質樸的台灣之美。

● 書籍策展人——洪震宇[3],跨財經、時尚與在地生活的創作者,善於以說故事方式推動台灣深度之美。

● 饗食策展人——謝妙芬[4],將最樸實、當季的食材運用最簡單自然的方式,呈現最有誠意的料理招待給朋友。

　　「好好」聚集了這些對生活周遭有感的設計者共同創作空間,讓「好好」這個品牌不只是單純的咖啡廳形式,更延伸成為多功能的開放式平台。其中有藝術策展、食堂、閱讀、活動體驗,創造台灣城鄉良品好物的舞台,並定期邀請不同領域的朋友共同合作,分享美好與共好的故事。

　　第二家分店則坐落於高雄甲仙,因八八風災重創當地,讓庭妃想起了當初在新社創立薰衣草森林時,新社山區因九二一地震,造成當地一片蕭條的景象,因此決定進駐甲仙地區。強調不與當地人搶生意,員工以當地人為主,且販售當地沒賣的東西,期望能引入觀光人潮以及讓年輕人回流,待甲仙經濟展現榮景時就退出。特別的是,甲仙「好好」的房東劉月蓉(劉姊)也想開一家咖啡廳,因此,平時常常來到甲仙「好好」和客人聊天搏感情,一方面也學習如何經營一家咖啡廳,而未來甲仙「好好」會將店面還給劉姊,劉姊可以選擇自己經營或是委託他人經營,讓她能完成擁有專屬於自己的咖啡廳的夢想。

　　「好好」是串連微食堂、好生活、藝空

▲「好好」的開放式廚房

間的生活風格實驗室,以體驗設計為核心的台灣在地文化品牌,從兩個女生延伸,在每一塊土地長出不一樣的「好好」,串連在地農產職人、風格達人與創作者的豐富面向,讓努力的人被看見。

◉心之芳庭～愛與幸福的莊園

王村煌董事長表示:

　　「當初創辦『心之芳庭』有很大的一個原因是對於台灣婚禮的失望,讓我想做一個不一樣的、真正好的婚禮。七年前選定地點後,十個人中有九個人對我說:『哎呀,這個做不起來啦,不可能的。』剩下的一個人,可能會同情你、安慰你。可是你看現在,我們就在『心之芳庭』,別人不看好的事情,我們還是可以做起來。」

這個起心動念的想法是源於薰衣草森林的幸福氛圍一直令許多人深深著迷，也讓許多即將步入禮堂的新人紛紛詢問是否能在薰衣草森林舉辦他們的終身大事！但由於園區環境及人力調度的限制，往往無法答應客人的要求，慧君與庭妃也感到相當過意不去。因此，打造一個浪漫、洋溢著幸福氣息的婚宴場所的藍圖逐漸在兩個女生的心中萌芽。慧君說：

「因為是客人的夢想，所以我們希望能夠幫助實現，才有了『心之芳庭』的出現。」

在成立「心之芳庭」（Moncoeur）前，婚宴對於薰衣草森林而言，是相當陌生的領域，因此光是在土地找尋方面就花費了四年時間。終於，在 2009 年與食品大廠味丹企業（Vedan Enterprise Corporation）[5] 攜手合作，雙方合資約 1.2 億元，耗時兩年時間在台中市大坑風景區內，建造了占地兩公頃的全新品牌「心之芳庭」。「心之芳庭」目前已是薰衣草森林中獲利最高的品牌。

「心之芳庭」主要分成「約會區」與「慶典區」，提供結婚與遊憩兩種需求的場所。在約會區裡附有兩間餐廳及幾間小商店，在整體設計上，創辦人慧君的構想是：

「營造一個歐式鄉村的感覺、普羅旺斯的法國式市集，我們有一家 Chin Chin 餐廳，由插畫家米力[6] 來幫忙做設計，她是我們喜歡的設計家，是個很有想法的人，希望來的客人可以認識她。這也是插畫家第一次嘗試把平面的插畫，透過薰衣草森林本身的設計能力轉成立體的房子。整個設計上我們希望在約會區的情侶們在未來有機會到慶典區舉行婚禮。」

在慶典區部分主要包含：歡沁會館——舉辦慶典的獨立宴會廳，可容納 500 人，另外也供宴會活動或會議的需求；天使的祝福證婚亭與純淨空間的許諾禮堂，約可容納 60 人觀禮。

「心之芳庭」慶典區的婚禮形式與一般傳統的婚禮形式不太相同，傳統的婚宴強調餐點好、氣氛佳，但容易忽略新人；而「心之芳庭」想做的是一場端莊典雅的婚禮，聚焦於新人本身。

▲「心之芳庭」廣闊的慶典區

董事長王村煌說：

「最幸福的事情，就是幫人完成一場婚禮。婚禮本身是一種神聖的承諾，這個承諾應該被祝福，讓婚禮回到被祝福的本身，這是我們一開始的初衷。」

曾經到此完成終身大事的新人表示：「覺得很專業、親切，讓新人可以沒有後顧之憂，當然，加上場地很美，讓人有美夢成真的感覺。」

因此，「心之芳庭」以國內首座戶外式莊園婚禮為訴求，滿足了嚮往海外婚禮的新人們，也讓戀愛中的情侶、到此遊玩的遊客感受到新人幸福的喜悅，創造了有別於薰衣草森林的幸福氛圍，使薰衣草森林從原本的休閒產業漸次地轉向了幸福企業。

而除了充滿幸福感與歐式異國風情的園區外，「心之芳庭」也積極推廣「綠色婚禮」，菜色中絕對不會出現魚翅這類具有爭議性的食材；並與經濟部中小企業處合作，導入「中小企業節能減碳輔導計畫」[7]，所有食材也會計算碳足跡，希望一場充滿祝福的美好婚禮，也能將這種美意與友善回饋給環境。

◉緩慢民宿～慢一點，靈魂才會跟得上

旅行的規畫，每個人想留下的記憶都不同，要如何在這段旅途裡找到屬於自我的空間，甚至是融入當地的風俗民情，享受這段旅行的過程？王村煌董事長認為：

「最能夠完整呈現慧君跟庭妃她們的山

居歲月的，應該就是住宿，所以一開始就想做一個民宿，但其實它發展得非常地慢。我們想做民宿的時候，就想說要在這個住宿或是在旅遊裡，表達什麼跟傳達什麼。這就是『緩慢』的誕生。希望它是一段空白而美好的時光，是一段自由自在的情況，在旅行的過程裡面，一個深度旅遊或是一個浮光掠影的旅遊裡頭，對土地、對這些風土人情有沒有更深切的體悟，像這樣的旅遊產品。」

這就是「緩慢」（Adagio）給旅人的印象：放慢自己，注重每一個小細節，暫且隔絕外界的煩惱；入住「緩慢」時，一切都是慢慢來，放慢自己的腳步、放慢自己的思考。「緩慢」清楚地告知旅客四大準則：

- 三個月的計畫旅行：「緩慢」採三個月前的預約訂房，除了房間數不多需要事前預約之外，也希望旅客在平日即能充分計劃自我的旅行，在工作與旅行之間，都能夠圓滿。

- 沿路不設指標：在前往民宿的路上，並未設立明顯的指標，除了對於環境的尊重，也希望不會有太多的訪客來打擾。

- 有書房，沒有一般的電視頻道：因為創辦人本身喜歡看書、看電影、聽音樂，希望能吸引喜歡這種風格的客人來訪，因此有了「緩慢書房」，提供好書、好電影、好音樂，希望客人能夠被這樣的小確幸感動與啟發。

- 安靜的民宿：「緩慢」鼓勵來旅行的人盡量不要帶孩子，希望提供一個安靜環境，讓自己擁有一段完全自主的空間與時間。

目前在新北市的金瓜石、花蓮的石梯坪與日本的北海道皆能發現「緩慢」民宿的蹤跡。日本北海道「美瑛町」（びえいちょう）[8]是薰衣草森林在 2010 年成功踏出海外的第一塊版圖，過程中有許多困難與挑戰，但經過多次的日本考察與溝通後，終於與退休的民宿主人村山先生達成合作協議，以 7400 萬日幣買下，成為第一間台灣人在北海道經營的民宿。

這間屋子原本是村山先生與太太夢想的結晶，村山太太過世後，村山先生在民宿外灑滿了太太生前最愛的花——勿忘我[9]，象徵村山先生對於太太的愛與思念。每隔一兩年，村山先生總是帶著妻子的照片回來看看兩人一起打造的園地。2015 年，北海道「緩慢」被日本最大訂房網站—— Jalan（www.jalan.net）[10] 評比為全北海道第 2 名的民宿。Jalan 評比的項目包含了民宿的房間、整潔、衛浴設備、餐點以及接待服務等項目，以滿分 5 分來說，住宿旅客給分平均高達 4.8 分。除了日本當地的客群之外，也吸引許多從台灣、新加坡、馬來西亞和大陸的旅客前往，體驗緩慢生活的美好。

2020 年，北海道「緩慢」在美瑛町的小山丘上建造完成五間別墅小木屋，在這個被日本人稱為最美麗的村莊當中，五間小木屋配合當地的地形呈現簇狀排列，四周圍繞著白樺樹和黑松木雲杉，建築物本身與自然的景觀融合在一起，旅客在此可將周圍的絕妙美景盡收眼底，體會北國鄉村的純樸之美。

除了海外發展民宿的夢想，對於台灣民宿的經營，兩個女生也開始有不一樣的想法：「緩慢」對於民宿當地的關心與照顧不可以少，因此，「緩慢」尊重大自然的生存

▲ 美不勝收的北海道「緩慢」民宿

法則，運用當地最自然的食材、以最天然的方法烹調，並體驗當地文化，幫助當地居民農產品的推廣。其中，石梯坪店所設計的「山海慢食」菜單中，結合了當地的地理環境、文化背景等特色，餐點不僅有著最鮮美的鄉村味，也讓每一道菜都富有自己的專屬故事。

薰衣草森林這種對於夢想的熱情以及對於當地的用心，沒想到也感動了其他的民宿經營者。花蓮「石梯灣 118」[11]的民宿主人（位於「緩慢」石梯坪店不遠處），便將民宿交給「緩慢」經營，而「緩慢」也保留「石梯灣 118」原有的特色，並提供管理維護以及人力的支援。

在 2015 年秋季，「緩慢」推出了副品牌——「緩慢尋路」，同樣以「慢」作為旅行的美好嚮往，在旅途尋路的過程中，希望旅人能像深具流浪者天性與觀察力的馴鹿一般，以敏銳的觀察力探索風景、沉澱心靈。第一家「緩慢尋路」誕生於苗栗三義，取名為「緩慢尋路～三義綠波浪」。

▲ 20 年來種下 8,000 棵樹，種下幸福種子

「緩慢尋路～三義綠波浪」也是薰衣草森林對於另一個旅行與住宿議題的重視，董事長王村煌這麼表示：

「『緩慢尋路』是解決台灣民宿發展困難的問題。台灣目前有很多民宿，競爭相當激烈，且經營不易；加上許多年輕人想創業開民宿，但民宿門檻較高……，『緩慢尋路』扮演一個經營團隊的角色，接手並改造一個現有民宿，原來的業者亦可以獲得相當不錯的報酬。」

2016 年起，為了讓更多人能走入森林、回歸初心，薰衣草森林結合旗下品牌「好好」、「緩慢」、「薰衣草森林」規劃品牌旅行，推出了「村光學旅」，設計了一日遊、二日遊以及三天兩夜的行程，行程接受 10 人以上的團體預約。例如村光學旅於薰衣草森林新社店設計的行程，即是希望人們能夠親近土地、走向大自然（參見右上表）；於甲仙「好好」則是希望經由深度旅行的方式，以行動支持「人進物出」，讓在甲仙努力的人們被看見；而針對「緩慢」品牌設計的行程，則是希望能帶著大家放慢腳步，用心體會土地的美好，認識在地的文化之美，達到文化傳承的願景。

▼ 一日村光學旅（行程）

活動內容
迎 兩個女生的紫色傳奇
淨 氣味之鑰的淨身儀式
徑 被香草圍繞的山居生活
鏡 看見旅人心中的願景
景 以秀明自然農法孕育的一畝田
敬 森林裡的「大地餐桌」
靜 祕境裡的沉默對話
種 為世界種下夢想的種籽
境 沒有比書寫更貴重的心意

◎ 漂鳥～帶著勇氣去追求夢想

「Straybirds 漂鳥」青年旅館，是薰衣草森林於 2018 年開設的品牌，主要客群以喜愛四處旅行的背包客為對象。「漂鳥」這個名字的靈感來自於 19 世紀末德國年輕人發起的漂鳥運動（Wandervoge），學習候鳥精神，在自然中遨遊與冒險，追尋生活的真理，歷練生活的能力，在探索世界的過程中更加瞭解自己。

第一間「漂鳥」誕生於台中草悟道。草悟道不單只是個購物商圈，鄰近有美術館以及文創聚落，這次薰衣草森林選擇扎根在城市，希望來到「漂鳥」的旅人，可以在這邊萌發創意，在城市尋常的街巷裡感受迷人的生活氣息。「漂鳥」旅館的大廳空間包含：櫃檯區、閱讀區、窗前座椅區、沙發區，還有共同工作空間，這個開放式的空間讓大家可以在這裡煮飯、看書、看電影或聽音樂，旅人們可以在此交換生活經驗。

有趣的是，「漂鳥」還特別規劃了一個「Dare to Dream 夢想舞台」空間，不限定住宿的旅客，無論你想唱歌、跳舞或是講座分享、舉辦展覽，歡迎跟「漂鳥」工作人員們報名，館方會安排一個時段讓你盡情展現專長，例如：曾經有擅長印度古典舞的年輕人主動發起舞蹈表演。旅館也會不定期舉辦活動，像是展覽、音樂會或是料理教室等。「漂鳥」亦相當重視與當地年輕人的連結，與台中的「好伴設計」合作，把在地青年創業的故事畫成漫畫，掛在牆面上與旅人分享，藉此讓大家認識台中的青年文創，也透過這些故事鼓勵大家勇敢追夢！

幸福地圖

十多個年頭過去了，從當年在新社鄉篳路藍縷地跨出第一步，成長為擁有多個品牌的事業體系，兩個女生的夢想可說是結實纍纍，其品牌發展歷程如下頁表所示。

經營狀況與組織結構

成立初期，因為只有 200 萬元的資本，開在台中新社鄉山區裡的第一間「薰衣草森林」，組織成員總共只有三個人：王媽媽（董事長王村煌的母親），再加上兩位創辦人（庭妃、慧君）。後來顧客漸增，展店快速，經過近 20 年的經營，薰衣草森林現在的資本額近 3,077 萬元，正職員工人數達 200 人，加上兼職人員約達 300 人。

在人事管理上，「薰衣草森林」新社店創立時僅有三名員工，服務人員就是經營者本身。遇到假日客人比較多的時候，王伯伯

（董事長王村煌的父親）和慧君、庭妃的朋友們就成了機動支援的員工，呈現了一個家族式的經營體制。但這樣的模式並沒有維持太久，隨著來客量的持續增加，「薰衣草森林」必須對外招募正式員工才能因應。由於新社店位於山區，許多人不願意到這裡工作，一開始所招募的員工都是新社鄉中和村的村民。當時到「薰衣草森林」打工，儼然成為中和村當地年輕人的集體活動。

慧君和庭妃都沒有受過專業的管理訓練，員工到職後的訓練便是跟在庭妃、慧君身邊學習，由她們直接管理，也將薰衣草森林追求的理念直接傳遞給員工。「薰衣草森林」地處偏遠，來到這裡的員工都住在一起，彼此朝夕相處，感情融洽，此時的新社店猶如庭妃、慧君與員工們所共同建立的大家庭。

而當清境店、南科店、尖石店陸續成立後，各店相距甚遠，新社店的人治方式已不能繼續沿用，因此聘請在經營管理方面非常有經驗的王村煌先生（曾任職於大陸工程公司關係企業協理、集合住宅管理顧問公司協理，以及新社鄉休閒農業導覽發展協會理事長）擔任薰衣草森林協理一職。有了專業人員協助，薰衣草森林便朝著企業體制的方向轉型，並且設立了一系列的部門來協助運作的流暢度，經過多年的演進，目前由庭妃擔任薰衣草森林創辦人，王村煌擔任董事長，吳昭賢任執行長。整個組織的架構主要由八個處所構成，其中比較特別的是在董事長室下，設有夥伴關係室，來專責照顧夥伴的大小事；體驗設計處底下有：品牌部與設計部，藉以強化薰衣草森林特別強調的「以設計為核心」精神，其企業組織圖如第 17 頁圖所示。

▼薰衣草森林年度營收與各品牌及分店創立時間（年度營收單位：新台幣萬元）

時間	年度營收	新品牌（店）加入
2001~迄今	---	薰衣草森林新社店（含香草舖子）
2002~2008		薰衣草森林清境店
2003~2007		高山烘焙坊
2003~2018	4,000	紫丘貿易公司
2003~2006		薰衣草森林南科店
2004~2017	5,000	薰衣草森林尖石店
2005~2008	8,000	森林‧1935 成立
2006~迄今		桐花村三義店（含香草舖子）
2006~2007	15,000	桐花村傳藝店
2006~2009		緩慢‧奮起湖
2007	21,000	無新增品牌
2008~迄今		香草舖子南庄店（已轉型為森林島嶼）
2008~迄今	25,900	香草舖子清境店改裝擴大營業（已轉型為森林島嶼）
2008~2019		薰衣草森林明德店（含香草舖子）
2009~2013		香草舖子九份店
2009~迄今	39,200	緩慢‧金瓜石
2009~迄今		心之芳庭一約會區
2009~迄今		香草舖子大坑店（已轉型為森林島嶼）
2010~迄今		心之芳庭一慶典區
2010~迄今	51,700	緩慢‧北海道
2010~迄今		新社香草 HOUSE（2015 年轉為緩慢尋路×新社香草 HOUSE）
2010~2011		香草舖子 Sogo 店
2011~2015	57,000	香草舖子勝興店
2012~迄今	58,000	緩慢‧石梯坪
2012~迄今		香草舖子府中店（已轉型為森林島嶼）
2013~迄今		緩慢石梯坪代管第一家共好店一石梯灣 118 民宿
2013~2014		香草舖子誠品台南德安店
2013~迄今		{好好} 西屯店
2013~2019	60,000	香草舖子誠品生活松菸店
2013~迄今		{好好} 甲仙店
2013~迄今		香草舖子古坑店
2013~迄今		香草舖子車埕店（已轉型為森林島嶼）
2014~2018	61,000	薰衣草森林合興車站店（含香草舖子）
2015~迄今		{好好} 友愛店
2015~2019	63,000	緩慢文旅×台南古根店
2015~迄今		緩慢尋路～三義綠波浪
2016~2017		{好好} 昇平店
2016~2017	65,000	森林島嶼概念店（富錦）
2016~迄今		緩慢尋路×新社香草 HOUSE 二館
2016~迄今		森林島嶼審計新村店
2017~2018		緩慢‧花蓮文創
2017~2021	42,000	薰衣草森林中國總部
2017~迄今		森林島嶼新社選品店
2018~迄今	41,000	漂鳥草悟道
2019~迄今		緩慢‧北海道五棟小木屋誕生
2019~2020	35,000	森林島嶼洄瀾店
2020	34,000	無新增品牌
預計 2021~	40,000	森林島嶼一台灣香氛上市

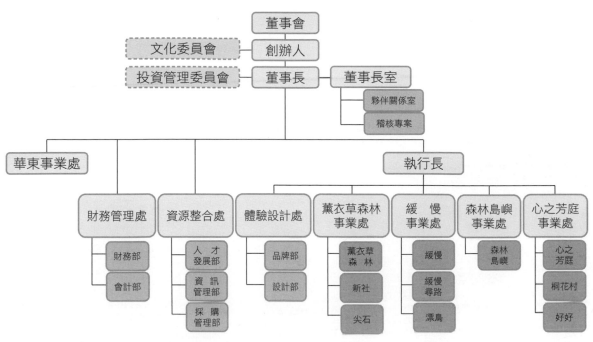

▲ 薰衣草森林組織圖

核心價值

　　薰衣草森林的誕生是源自於慧君以及庭妃的夢想，從一家咖啡廳慢慢擴大為擁有多元品牌的休閒產業。慧君與庭妃回首過去創業的歷程，希望透過她們，能幫助更多人圓夢，因此於 2011 年時，決定做出組織變動，除了往幸福企業的道路邁進，也將企業定義為：「**以設計為核心，具利他精神的幸福企業**」，其中的關鍵字：設計、利他與幸福，代表三種薰衣草森林最關注的價值。

　　薰衣草森林的品牌思維皆是「以設計為核心」，這個「設計」不單僅是平面、空間或是建築設計等領域，更重要的是要設計一個全面性的價值鏈，展現出薰衣草森林的理念和樣貌。從新社種下了第一顆的薰衣草種子開始，到現在遍布各地的薰衣草品牌，這當中固然辛苦，但也得到許多人的支持，讓薰衣草森林的夥伴們更加體會到「利他」的

意義——經由利他幫助別人，同時也幫到自己，這便是薰衣草森林很重要的核心價值。透過設計和利他的精神產生善的循環，達到經營企業的目的，進而往「幸福」企業邁進。

　　當設計、利他與幸福成為薰衣草森林的信仰，薰衣草森林上上下下在思考或是執行一件事情時，都習慣會先問自己：「喜不喜歡？開不開心？有沒有意義？」喜不喜歡？開不開心？談的是初衷和能力；有沒有意義？談的是利他和幸福。這樣的問答模式，成就了薰衣草森林獨特的生態系：從種下種子（初衷）到長成大樹（品牌），進而變成森林（平台），建構出美好的生態體系（理想），讓幸福在這裡發生（參考下頁圖）。

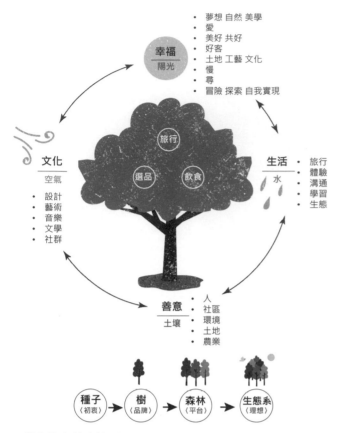

▲薰衣草森林生態系

◉ 設計 —— 幸福的溫度

當接觸薰衣草森林的品牌時，從官方網站、品牌故事、菜單設計、沿路指標到實地體驗，會發現其中包含了大大小小的設計元素。因為創辦人慧君很喜歡畫畫，具有絕佳美感的她，用藝術來裝扮整個園區，將自己的創意與所想要表達的一切，透過手繪的插圖，將手中的溫度傳達到園區裡的每個小角落。當然，在這其中也請了許多的專業人士來共同幫忙，如：建築師彭志峰[12]、插畫家米力等。而慧君與米力之間有段特別的故事。慧君身邊的朋友常說：「妳知道米力嗎？她跟妳很像。」這番話促使慧君去尋找朋友口中的這面鏡子，開始接觸米力的作品。慧君說：

「對手繪風格的迷戀、對 DIY 的狂熱、對日常小幸福的經營、對旅行的信仰、對美感的耽溺，這是連結我和生活雜貨作家——米力兩人之間的共同磁場。」

當「心之芳庭」園區裡決定打造一座有幸福家居生活感的餐廳時，慧君第一個想到的就是米力。於是她邀請米力跨刀協助，透過米力的創意品味以及對雜貨的專業，完成慧君想擁有一個「有溫度、與人同呼吸的幸福家居空間」的夢想。

薰衣草森林的各個品牌，在不同階段有不同的專業設計師進行討論與設計，而不僅在有形產品上，對於無形的服務也是一直以設計為核心，開創著不同的消費體驗。創辦人慧君說：

「所有面對客人的一些體驗其實是需要透過設計的。」

▲由米力設計，充滿居家設計感的親親♥我的家餐廳

就如同董事長王村煌所說：

「當一個產業，賣產品、賣體驗、賣感受，而這些感受貫穿我們的靈魂，停留在我們一輩子的記憶中。人老其實不會記得太痛苦的事情。」

如同《美學 CEO：用設計思考，用美學管理》[13] 的作者吳翰中也提到：

「能夠持續設計出有質感的體驗活動是薰衣草森林的成功關鍵，為維繫感動設計的優良傳統且不斷創新、傳遞獨特的顧客體驗，薰衣草森林成立體驗設計中心，將設計的概念導入服務流程及組織營運，這是一個勇敢的嘗試，亦是打造體驗經濟體的正確嘗試。」

◉ 利他精神——實現他人夢想

利他精神是薰衣草森林非常重要的核心價值。創辦人慧君曾說：

「我們把夢想實現之後呢，我們還幫很多的客人實現夢想，一直到現在，我們還是一直在做。」

薰衣草森林透過自身品牌與實際行動，幫助他人圓夢，因而有了以下活動的出現，分別是：香草 HOUSE 主人徵選活動、夢想 HOUSE、「緩慢」換工計畫，以及甲仙「好好」。

【香草 HOUSE～主人徵選活動】

香草 HOUSE 設在薰衣草森林台中新社店，當初創立這樣的機制，首要的原因是感恩王伯伯無私地提供這片土地，才能實現兩個女生的創業夢想，希望這偉大的夢想種子可以散播出去。因此薰衣草森林花了 1,500 萬元，建造香草 HOUSE，內部有四間房間，每年公開徵選香草 HOUSE 主人，除了一年的合約外，還提供年薪 50 萬元的條件，且不用負擔盈虧責任。

創辦人慧君提到：

「讓有夢想的人寫他們的提案，我們選一個人，給予年薪 50 萬。我們提供有夢想的地方，讓他們來當民宿的主人，這一年當中他就可以學習到，如果未來要開民宿的話，可以從現在開始。」

這樣的機制提供了對於經營民宿有想法、有自我風格的年輕朋友們一個優良平台，讓這些民宿主人透過學習與歷練，為他們的下一個人生階段提前做準備，同時也幫助年輕人圓夢！

第一屆香草 HOUSE 的主人徵選活動在 2010 年舉辦，報名者非常踴躍，總共有 250 位參賽者報名參加。第一屆得主是原本擔任動物醫院院長的女獸醫師陳雯雯，她很喜歡攝影、閱讀、聽音樂、手作羊毛氈，也喜歡貓；第二屆的主人是可愛的 MaKo（魏蕙娟），她原本是室內設計師，還在北海道住過一年，為了實現夢想也參加了香草 HOUSE 主人的選拔；第三屆主人陳逸蘋（綽號小亮），是個愛好旅行的人，拜訪過尼泊爾、印度、土耳其、伊朗等國家，也曾擔任尼泊爾孤兒院志工、墾丁國家公園解說志工。第四屆香草 HOUSE 主人跟庭妃與慧君一樣，是由兩個女生一起擔任，主人是雨虹（潘雨虹，曾任職新加坡航空空服員）、副主人是布丁（丁婉婷，畢業於國立體育大

學運動保健系，擁有運動及瑜珈專業），她們在香草 HOUSE 實踐夢想的過程，也被拍成一部微電影《夢想啟程》，鼓勵更多對於夢想裹足不前的人們勇於追夢。

【夢想 HOUSE～夢・想飛】

香草 HOUSE 的主人徵選活動讓想一圓民宿主人夢想的人們有機會實現，那對於擁有其他夢想卻苦無機會完成的人呢？因此，慧君與庭妃又有了「夢想 HOUSE」計畫。這計畫類似於新社店的香草 HOUSE 主人徵選，想圓夢的年輕人可以免費使用薰衣草森林提供的夢想小屋一年，但不太一樣的是「夢想 HOUSE」僅提供場地。創辦人慧君提到：

「讓有夢想、有想法的人來經營它。或許可以開個植物店，或許是在寫作，或是開個手工藝店也可以，我們免費提供場地給他，讓他能夠透過結合專長跟生活中的體驗，讓薰衣草森林的客人認識他。」

除了提供空間，2008 年夢想 HOUSE 開始舉辦「夢・想飛」計畫，鼓勵有夢想、想要實踐的人。只要能把自己的想法、計畫提出來，讓薰衣草森林聽到你的心聲，將提供獎助金 15 萬元，直接給予認同、幫助且有實踐的機會。參加第一屆「夢・想飛」計畫的林威利從台北的強恕高中餐飲管理科系畢業時曾有創業動機，緣起於自己養的狗長期食用某廠牌的狗食導致腎衰竭，因此有了想要自己調理愛犬飲食的想法。透過這次的計畫，他與夥伴黃少庭成立了「Doggy Willie 輕寵食」，研發天然健康的寵物食品，期望能提升寵物飲食品質，也期望與流浪狗協會合作，幫助更多流浪在外的毛孩子們。

從威利的例子中可以發現，只要擁有夢想，即使覺得它很平凡、很渺小，都應該要實踐。「夢・想飛」計畫吸引了許多人報名，除了寵物天然食外，懷抱關懷聽障朋友、雜誌設計等夢想的人們，都提出自己的夢想，期待夢想起飛。

【緩慢～換工計畫】

夢想也有可能走出海外！「緩慢～換工計畫」的目的是讓參加的年輕人可以享受與體驗當地生活。參加者可以選擇「緩慢」金瓜石／石梯坪／北海道三個地點，換工時間為一到三個月，以勞力的方式賺取三餐及住宿，不再另外支付薪水。這樣的方式可以讓參加換工計畫的人學習不同環境的生活、學習與人溝通、學習服務他人、學習如何與民宿主人一起共事。讓換工的年輕人嘗試去體驗生活與人生階段的轉換，為此計畫的主要意義。

【甲仙好好～為了災民，勇敢一次】

除了幫更多人圓夢外，近年來薰衣草森林更關心社會議題，「好好」品牌的成立，即是強調「共好」的概念。第一家「好好」位於台中西屯區，目的是為了將自然純粹的美好帶到都市，而第二家 —— 甲仙「好好」，則是為了將居民、遊客帶回來甲仙。

2009 年八八風災時，由於莫拉克颱風帶來的巨大雨勢，造成許多地方連兩日的降雨量幾乎等於一年的降雨，也是 1959 年八七水災以來最嚴重的水患。各地淹水災情頻傳，甲仙小林村因為豪雨以及雨水帶來的土石流，掩埋了整個村，成為受創最嚴重的地區。因此，第二家「好好」選擇在高雄甲仙地區開幕，希望結合當地的業者，並鼓勵年輕人一起進入災區，發揮自己的所長，讓甲

仙變得更好。董事長王村煌說：

「我想把我生活的美好，延續到對甲仙那邊的共好，做到人進物出；把人帶進去，把東西看能不能帶出來。做這種事情不會賺錢，可是我覺得這很有趣。『美好』跟『共好』，你能夠做到生活的美好跟別人共好，那其實是一件非常幸福的事情。」

對於生活中人、事、物的關心，是薰衣草森林一直在執行的目標。除了圓自己的夢想，也幫助更多有夢的人完成他們的夢想，讓所有人得到幸福，徹底落實了「以設計為核心，具利他精神的幸福企業」的核心價值。這些持續性的努力也讓薰衣草森林獲得 2015 年「天下企業公民」（Corporate Social Responsibility，簡稱 CSR）[14]「公民獎小巨人組」[15] 第 10 名。這獎項前九名幾乎以電子科技業、醫療產業為主，薰衣草森林是唯一入榜的休閒產業。

2016 年，薰衣草森林再次榮獲天下企業公民獎──小巨人組第五名的殊榮，比前一年進步了五個名次。薰衣草森林相信，這是所有夥伴努力的成果。

然而，成為強調「共好」、「利他」企業的過程並沒有那麼順利，面對內部的挑戰，也讓董事長王村煌苦惱不已；許多曾在其他企業待過的薰衣草森林高階經理人擅長於與其他企業競爭，卻很難接受薰衣草森林寧願虧損，也要與環境、社區共好的理念。王村煌花了很多時間與高階經理人溝通，甚至把他們帶到高雄甲仙災區當志工、陪伴小朋友。王村煌認為，當經理人為了社區共好而流下汗水，因為付出而感動時，就會開始去思考「共好」，並感受土地與人情的美

好，最後將這些幸福感傳遞給顧客。

森林的幸福感

薰衣草森林在做任何一個決定時，總會以三個問題為出發點：「喜不喜歡？開不開心？有沒有意義？」創辦人庭妃認為：

「幸福沒有那麼難，它只是在生命中、在身邊小小的，並沒有很遠，有的時候你會觸及到的當下就是幸福。」

薰衣草森林的企業文化中非常注重「幸福」這個元素，董事長王村煌提到：

「一開始我們定位在一個休閒產業的角度，2010 年底右我們有重新再思考，希望公司的定位能夠配合整個社會的進步，因此在 2011 年開始將公司重新定位，從休閒產業轉定位為一個幸福企業，是販賣幸福的一個企業。」

董事長所謂幸福企業的「幸福」兩字又是如何呢？對於薰衣草森林所提供的幸福，王村煌董事長認為：

「薰衣草森林的客人一開始到山上根本就不是為了喝咖啡、來吃飯。那顧客為什麼來？路這麼遠，沒有人會花這麼高的成本去喝咖啡，客人是在追尋什麼？後來發現，是在追尋兩個女生的夢想。」

不強調咖啡、餐點，而是無形的夢想與幸福感！薰衣草森林透過氛圍與服務令客人感到幸福，例如：進入園區時，大自然的蟲鳴鳥叫、綠茵環繞，令人感到放鬆；看到惺

▲薰衣草森林裡讓人充滿希望與幸福感的「許願樹」

忪小熊療癒的外貌時,會讓人忍不住想上前擁抱它;還有將夢想寫下,掛上許願樹的祈求體驗——誠心照著做,夢想會成真;以及在員工服務客人時,把快樂寫在臉上傳遞給客人等,皆是透過這些元素讓顧客感動。

每一個品牌所創造出來的方向有著不一樣的想法與意義。例如,薰衣草森林的目標客群是 20 到 30 歲的女生,這個年齡層的年輕女性對於未來擁有憧憬、充滿了熱情活力。因此,針對這個年齡層的幸福定義,有了許願樹的誕生;而「薰衣草花田」、「幸福信箱」的設計,則是希望讓整個薰衣草園區更加熱鬧。董事長王村煌對於「幸福信箱」的想法是:

「寫一句話給關心的人,也就是說,能

夠分享的人是快樂、幸福的。能夠分享有兩個點,一個是你有心,願意分享,另一個是有人願意聽你分享。如果到薰衣草森林而有幸福感,代表你還擁有一顆年輕的心。」

這些充滿溫度的設計,使每個冷冰冰的擺設變得溫暖,讓薰衣草森林充滿幸福,並將幸福傳遞給對未來懷抱著希望的人們。創辦人庭妃也認為:

「當快樂一個接著一個時,幸福的感覺會使你想要分享,或者是顧客將自己內心類似的夢想投射到薰衣草森林中,想像自己也實現夢想的這種滿足感。這樣的情境也是幸福的一種。」

王村煌董事長並表示:

「薰衣草森林一直堅持自己是營利企業,不是社會企業,不是非營利組織。如果把營利事業看作是一個人,按照馬斯洛(Maslow)的需求層次理論來說,能夠獲利,達成最基本的生理需求,在企業工作的夥伴有穩定的收入、基本的照顧,看起來似乎就夠了。但我認為薰衣草森林不只是這樣,不只有這樣。創造工作的意義,才是幸福企業中最重要的價值。」

對於強調幸福企業的薰衣草森林而言,整個園區的設置、營造的氣氛等,的確提供了與一般休閒產業不一樣的特色,也創造出能夠讓顧客無限延伸的幸福感。為了將自己的企業定位轉變成幸福企業的形象,薰衣草森林不僅極力將幸福傳遞給顧客,對於提升內部員工的幸福感也是不遺於力,如此,便能透過員工將快樂直接傳遞給顧客,達成內外一致性的幸福感!

幸福企業如何幸福？

◉ 什麼是幸福企業

「幸福企業」目前還沒有一致性的定義，國內對於幸福企業的描繪多數是指友善工作環境能帶給員工的幸福感（Happiness）或者福祉（Well-being）；在國外則是以最佳雇主（Best Employer）和最佳職場（Best Workplace）來判別是否為幸福企業。總括來說，幸福企業應該要能為員工帶來幸福健康的工作環境。

而有關國內對於幸福企業的想法，Cheers 雜誌（2017）[16] 認為幸福企業擁有的元素包含：創造歸屬感、資訊透明及制度公平、打破層級界線的無礙溝通，以及彈性設計讓工作更有自主性。中華幸福企業快樂人協會（2021）[17] 則將幸福企業歸納為：企業願意承諾持續善待員工，成為讓員工有感（價值感、富足感、寧靜感、安全感）的企業。

企業幸福與否愈發受到員工重視，宏碁集團創辦人施振榮（1999）[18] 也曾提到：「企業最大的社會責任，就是照顧員工。」同時施振榮也提出「福利事業化」概念，要求人力資源處和福委會，必須把員工福利當作一項「事業」（Business）在經營，把所有同事當作「客戶」來看待。

◉ 幸福企業的指標

隨著員工幸福感愈加受到重視，國內外不管是企業或政府都開始增設幸福企業指標評比。目前台灣不同縣市也有舉辦幸福職場的評比活動，蒐集台北市、台中市、彰化縣等幸福職場指標項目，整體可以分為：「待遇與培育指標」、「工作環境指標」、「友善職場指標」、「福利與獎勵指標」及其他特色項目。

此外，美國著名的職場研究調查公司 Comparably（www.comparably.com）[19]，透過企業內部員工的評比，共發布了 16 種獎項，包含最佳工作場所獎、最佳 CEO 獎、最佳多元化公司獎、最幸福員工獎……等。其中一項，關於工作促進整體幸福感的最幸福員工獎（Happiest Employees），是經由匿名的雇主和雇員提供的評分，評分的問題包括如下：

1. 您的工作環境是積極的還是消極的？
   （Is your work environment positive or negative?）
2. 您是否相信自己獲得了合理的報酬？
   （Do you believe you're paid fairly?）
3. 您對自己的福利感到滿意嗎？
   （Are you satisfied with your benefits?）
4. 您覺得工作倦怠嗎？
   （Do you feel burnt out at work?）
5. 您公司的目標是否明確？您是否已對其投資？
   （Are your company's goals clear, and are you invested in them?）
6. 您每天對上班通常感到興奮嗎？
   （Are you typically excited about going to work each day?）
7. 您是否希望與您的同事互動？
   （Do you look forward to interacting with your coworkers?）
8. 您對成為公司的一員而感到自豪嗎？
   （Are you proud to be part of your company?）

9. 以 1 到 10 的分數，您將您的公司推薦給朋友的可能性是多少？

（On a scale of 1-10, how likely are you to recommend your company to a friend?）

從 2020 年 Comparably 最幸福員工獎的排名來看，評比結果中，大型公司的第一名是 Zoom，第二、三名分別是 HubSpot 與 Microsoft。

Zoom 是一間專門做視訊軟體的公司，提供即時視訊、語音、行動及遠端協同作業等會議功能。Comparably 網站運用情緒分析技術剖析 1,641 條 Zoom 員工的評論發現，98% 的評論情緒正向，僅 2% 給出批評。在員工評論中，「開放」、「透明」、「真誠」是幾個不斷出現的關鍵字。一位員工指出，Zoom 的開放政策（Open Door Policy）是真的，因為他能夠隨時一對一跟高層反應意見。另一位員工稱讚：「他們真的關心我們的問題、疑慮和意見，他們允許我們分享，而且超級快做出回應。」

Zoom 提供給員工的較特別福利包含：

● 健康福利，例如：每個月提供健身房補助或提供健身課程，以促進健康和自我保健。

● 無上限帶薪休假。

● 經常性地組織全自願員工聚會活動（線上虛擬聚會、節日慶典）。

● 圖書報銷計畫，支持持續學習。

● 透過 Zoom Cares 計畫進行的慈善捐贈，使員工可以支持他們最喜歡的公益計畫（例如：教育、社會公平、氣候變化等）。

● 在 COVID-19 疫情期間，在家工作有遠距工作的相關補助，例如家庭辦公設備、家庭健身設備、家用雜貨，甚至是外送餐點。

第二名 HubSpot，是全球第一的線上行銷服務平台，透過資訊的蒐集與搜尋用戶的喜好投放廣告，能夠幫助行銷人員高效且全面地管理線上銷售，節省行銷的費用，同時也可以針對具體客戶提供客製化的服務和溝通，吸引忠實的客群。HubSpot 提供給員工的特殊福利包括：

● 無上限休假：員工可以決定何時休假以及休假多長時間。

● 育兒福利：HubSpot 為主要照顧者提供 16 週帶薪假，次要照顧者提供 6 週帶薪假，並提供冷凍卵子福利。

● 員工可以設定支付其基本工資的 1% 至 15%，這些資金將以 15% 的折扣購買 HubSpot 股票。

● 每年可得到相當於 5,000 美元的教育經費，員工可以利用休息時間去進修如金融、設計、行銷等在線課程。

● 員工可以自己制定上班時間表，如果需要提早離開去看醫生或參加健身課程也是可以。假如員工因孩子生病需要在家工作，不用等主管批准，可以直接實行。

另外一間獲獎公司是微軟（Microsoft），是一家開發、製造、許可、支持和銷售一系列電腦軟體產品和服務的公司。提供給員工的特殊福利包括：

- 微軟員工每年最多可獲得 35 天帶薪假，其中包括 15 天帶薪休假日，10 天帶薪病假日和 10 天帶薪美國假日。此外，員工每年還享有兩天的額外假期。

- 首創將員工參與、學習、福祉和知識發現工具直接彙整成員工體驗平台，幫助員工在新的工作生活時代「學習、成長和發展」。

- 員工自己選擇喜歡的運動方式，每年補助高達 1,200 美元的員工福利費用。

- 401K 退休儲蓄計畫──它是美國一項養老保險的計畫，投入 401K 帳戶的資金，可以將其中一部分用於投資，投入股票、債券、基金等商品，投資金額由員工自己決定。

- 員工每參加公益活動一個小時，公司就會捐贈 25 美元給該公益活動團體。

成為幸福企業是每位領導者心中的祈願，從上述的幸福企業指標、做法，可看出創造健康友善的職場環境，除了提供良好的薪資待遇福利之外，彈性的工作時段讓員工在工作上更有自主性，打破上下層級、建立透明的資訊和有效溝通，重視公司同仁的學習和成長，以及關心每一位員工的身心健康，進而關懷投入公益慈善活動等，這些都是邁向幸福企業的重要元素。

領導與幸福員工

薰衣草森林為了更加落實瞭解夥伴們的幸福感，同時兼顧讓夥伴們可以安心參與調查，且能夠回饋真正內心的感受與工作上的需求，故於 2017 年由時任夥伴關係室主管的蕭淑文經理與台灣師範大學王國欽老師所帶領的 18 人研究團隊合作，進行大規模的全品牌夥伴幸福感調查。本次夥伴幸福感調查訪談方式，主要以 Ip（2009）[20] 所提出的華人職場幸福感包括「工作性質」、「組織工作角色」、「組織契合度」、「組織公平」、「工作與家庭關係」與「組織公民行為」為理論核心基礎，進行夥伴幸福感調查。

研究團隊主要採用深度訪談法及焦點團體法為主，深度訪談主要是針對管理職夥伴；而焦點團體訪談對象則是各品牌的正職與兼職夥伴們。同時，為了能更加客觀獲取整體夥伴們的意見與心聲，抽樣人數以每個品牌事業群的正、兼職夥伴的 1/3 為基礎，再依照人數分配每個單位的比例。舉例來說：薰衣草森林事業處，正、兼職夥伴共

▲ 森林裡的幸福感

有 98 人，故 98×1/3＝32.66，因此本品牌共需有 32 人次參與焦點團體訪談；而當中的新社店則有 41 位正、兼職夥伴，故新社店在焦點團體人數目標為 32×（41÷98）＝13.38 人，故採 13 人。

在焦點團體抽樣時，除了樣本數的考量外，研究團隊更進一步考量夥伴們的個人背景狀態，例如：性別、年資深淺、已婚或未婚、是否有小孩等，希望廣納不同夥伴們的意見與需求。本次受訪總人數共計 114 位薰衣草森林的夥伴，男性有 41 位，女性則為 73 位，此比例符合薰衣草森林員工的性別狀態，而受訪者當中有 31.6% 的夥伴願意具名表達對公司的想法，顯現員工對於公司有一定的信任度。

以上述「工作與家庭關係」構面為例，幸福感的問題包含：

1. 請說明您的工作主要內容為何？
2. 依您的工作與家庭關係中，哪些因素讓您感受到「幸福」？
3. 依您的工作與家庭關係中，哪些因素讓您感受到「不幸福」？
4. 有沒有「一件事」，您希望公司能立即改善，以增加您的幸福感？

經過將近三個月的國內外（包含北海道的「緩慢」民宿）各品牌的訪談調查及資料彙整後，研究團隊共彙整出 42 萬字以上的逐字稿，並詳細統整出各品牌的幸福因素與不幸福因素。以其中一個品牌的調查結果為例，夥伴們認為「幸福」的因素包含：客人肯定、和客人分享、核心理念認同，以及夥伴關心互助等；「不幸福」的因素則為：主管尚未熟悉如何領導夥伴、地區遠導致反映問題不受關心、交通不便（返家、採買不便且貴）。

藉由本次的調查，除了能夠讓夥伴們有機會分享他們個人的想法與建議，更有助於各品牌的管理者在領導夥伴時，能夠更貼近夥伴的需求；此外，本次的大規模夥伴幸福感調查所獲得許多寶貴的資料，亦成為後續薰衣草森林在為全體夥伴設計幸福感活動及提升整體夥伴幸福感的重要基石。

由 2017 年大規模的訪談並瞭解薰衣草森林不同部門與品牌夥伴們的幸福與不幸福因素後，2018 年的幸福感調查，則進一步運用美國行為科學家赫茨伯格（Frederick Herzberg）所提出之雙因子（Two-Factor Theory）理論，將調查結果落實到工作現場。

雙因子是指「保健因子」與「激勵因子」。保健因子一般指：公司如果做得好，才不會讓員工不滿意的因素，如：薪資、福利、工作環境……等；激勵因子則是指：公司如果做得好，能讓員工滿意提高的因素，如：成就、挑戰性的工作、學習成長……等。

薰衣草森林在此理論基礎下，由所有高階主管共同制定全品牌共同之保健因子；再由各品牌加上管理中心，一起制定各品牌之激勵因子。

以「緩慢」為例，保健因子為：夥伴願意互相協助、主管遴選具公平性、夥伴間溝通無障礙、主管具備現場專業知識、公司提供旅行假期；激勵因子則是：工作獲得成就感、公司正面回應與稱讚、具有回饋社會的能力。

在主要的幸福感調查之外，研究團隊也希望夥伴可以講出「一件事」，讓公司能立即改善員工幸福感，如果無法立即改善，也希望公司可以給予回應和說明。結果總共有27人提出想法，其中，有夥伴提出「希望父母親節禮卷發放對象，可以不限定只有父母能領取」，因為這位夥伴從小沒有母親，是由阿姨帶大的，希望這份禮券也可以開放贈送給其他至親；還有另一位夥伴希望「打掃和接待客人時可以分不同的制服替換」，因為打掃完會流很多汗，制服如果穿整天很不舒服。

上述的例子，呼應薰衣草森林做夥伴幸福感調查的一個初心，就是希望讓夥伴能有機會參與公司決策，如果夥伴願意把自己內心的想法分享出來，願意跟公司一起努力與成長，才有機會實現有意義的快樂與幸福。

薰衣草森林創立之初，創辦人庭妃和慧君一直把顧客當朋友、把員工視為夥伴，而後隨著薰衣草森林的品牌增加，夥伴越來越多、管理的幅距也越來越遠。為了維繫公司邁向幸福企業的初心，2011年增設「夥伴關係室」，這個獨立專責的角色就像是一個大家庭裡的媽媽，關懷、照顧並尊重夥伴，結合資源的整合，來提升夥伴的幸福感。薰衣草森林提出「我們很快樂，也要你快樂」，希望大家可以在工作時是感到快樂的，當它是有意義的快樂時，這便是一種幸福；而這個幸福的根本，其實就是夥伴們要先照顧好自己的身心靈健康。

為了進一步提升夥伴幸福感，2021年薰衣草森林推出了「幸福存摺」，關注的是夥伴在「身心靈」這三個構面所累積的幸福存款；公司會定期與醫生合作為夥伴做健康檢查，並列出重點關懷對象持續追蹤；每個月舉辦身心健康主題相關的講座，並且配合心理諮商師、醫師和營養師等專業人士，鼓勵夥伴重視運動和飲食，讓保健意識融入日常生活中。結合上述，當公司可以帶領夥伴落實身體健康的觀念，薰衣草森林就會是一個充滿活力、創意，而且能夠不斷對消費者提案的幸福企業。

「目標是夢想，但到了做法就很實際。經營團隊有滿身的功夫，但是我們都很認清『夢想』可以領導我們；創辦人有滿懷的夢想，但她們也認清，沒有這些經營者，是沒有辦法把夢想實現的。」董事長王村煌這麼說。

創辦初期，慧君、庭妃皆不是管理學位畢業，也非服務業背景，卻發展出非常具有薰衣草森林特色的領導風格，這是因為她們有相同的初衷：

「薰衣草販賣的是『回憶』，不只是餐點或咖啡。」

慧君的個性像個嚴謹的班長，庭妃就比較像是鄰家姊姊一般，一個扮黑臉，一個扮白臉，員工與她們之間，不像是老闆與下屬，在工作時也沒有過多拘束，而像是家人般彼此關心。雖然不符合制式的專業要求，但員工都覺得在薰衣草森林工作是一件快樂的事；再加上薰衣草森林的成員都很年輕，具有旺盛的體力，不怕工作辛苦，只怕工作無趣、不快樂，因此薰衣草森林給予員工較多的自由與顧客、其他員工互動，讓工作有更多變化以及樂趣。薰衣草森林的夥伴淇南認為：

「公司的文化很願意聆聽員工的聲音，

很多夢想有機會在這裡實現；而制度上的設計能讓生活與工作有所平衡，有更多的機會旅行，讓生活更快樂；而公司的品牌形象，也讓在這裡的夥伴工作起來覺得驕傲。」

創辦人庭妃也表示：

「我們希望員工進來薰衣草森林可以找到一輩子的事業。所以年輕的員工，一開始也許在餐廳體系工作，等到他體力不是那麼好的時候，他可以往民宿的體系去發展，甚至是『心之芳庭』的體系也可以。漸漸地，當他資歷久的時候，他也有機會成為薰衣草森林的股東，員工可以把薰衣草森林當成是一輩子的事業。我們希望員工進來到這裡，因為跟著我們這樣一起成長，可以感受到我們在工作裡面的動力。」

薰衣草森林是一個以人為本的幸福企業，重視員工的發展與感受，同時，就算有緊迫的人力需求，慧君與庭妃仍然會在徵選人才時考量該人員是否適合組織的企業文化，會選擇和她們一樣喜歡分享、勇敢做夢的人進入公司，以利達成員工認同組織、在工作上能全力以赴。薰衣草森林沒有一個冰冷的管理制度，只有一個溫暖的家，在管理員工、進行員工的教育訓練上，慧君與庭妃運用其獨特管理風格，讓員工能感受到工作帶來的幸福感。

◉ 家人般的關心

薰衣草森林不僅鼓勵員工去做適合自己的工作，人才發展部更會每半年和員工進行一次深度訪談，訪談內容包括員工職場生涯的規畫與期望、工作滿意度及工作上需要協助的事項。當訪談結束後，人事部會審核該

員工是否處於適合自己的工作崗位上，並協助員工解決工作上所遭遇的困難，同時，員工也可以瞭解自己的工作狀態。創造這樣的訪談機會，讓員工瞭解到薰衣草森林是真正在關心他們，此外，也對員工的職涯發展有莫大幫助。

◉ 感動服務信

薰衣草森林對員工的獎勵方式分為物質及精神上的獎勵。物質上的除了分紅外，為了鼓勵員工發自內心地為客人服務、感動客人，創辦人與董事長設計出「感動服務信」獎評辦法，將物質與精神獎勵結合為一：只要有顧客受到任何薰衣草森林品牌的服務而上網表達感動，經公司確認後，被指名感謝的員工便可得到 1,000 元的獎金，並由分店店長利用晨會時公開表揚。此外，每家店每個月以五封「感動服務信」為目標，達標之後，每增加一封信，不僅被指名的員工有獎金，店內的其他同仁也能各拿到獎金 100 元，以此激勵員工間彼此正向鼓勵。員工在工作中獲得成就感及實現自我價值時，不僅能減少離職率，也能維持人事制度的穩定。

◉ 森林裡的大學

為了使員工在進入薰衣草森林工作後，在技能及知識上能持續成長，薰衣草森林成立三年後，便開始實施「森林大學」的教育訓練制度。「森林大學」仿照一般大學制度，分為上下兩個學期，且大多數的上課時間剛好避開寒暑假生意的旺季，所以不會影響到薰衣草森林的營運。

課程規畫上除了有系統地將員工所需具備的專業技能排入，例如：香草植物的認

▲ 薰衣草森林年輕又充滿熱情的員工

識、休閒、餐飲、烘焙、服務、管理、園藝、商品銷售等，也會依不同級別開設不同的課程；另外，還有全體員工都必須上的通識課程，例如：薰衣草森林的企業文化與品牌精神、休閒產業認識、工作壓力處理等等；「森林大學」授課的教師以公司內的資深員工為主、外聘講師為輔。

薰衣草森林不會將專業的課程機械化地灌輸給員工，反而是設計生動、有趣的課程，讓員工學到的是「帶得走的能力」，就算離開薰衣草森林也受用，像是請心理諮詢的老師，教導員工在遭遇挫折時該怎麼做。提醒員工在工作上除了要有專業外，也要有顆快樂與傳遞幸福的心。

◉ 15 天的旅行假

旅行中的感受、感動時常無法用言語來清楚表達。薰衣草森林為了使員工都能感動自己再將感動傳遞給顧客，除了每年固定的年假之外，每個人都擁有 15 天的「有薪旅行假」，不僅鼓勵員工去旅遊，更給予薪水與旅遊津貼。董事長王村煌說：

「客人來我們這邊旅行，我們希望服務人員能夠去感動客人。但如果自己沒有被這塊土地感動過，沒有感受過這塊土地的美好，感受它的美、它人情的溫暖；當你沒有過全身麻痺、熱淚盈眶、感動到痛哭流涕這種感覺的時候，沒有被感動過、沒有被打動過的時候，你怎麼能夠去打動別人？所以我們鼓勵我們的夥伴出去旅行，由公司給假、給薪水、給津貼。」

15 天的旅行假當中，其中 10 天是個人旅行假，讓員工自在地放鬆，目的地沒有任何限制、員工自行安排；其他 5 天中，1 天在地旅行，要瞭解工作地點周邊的休閒景點；3 天品牌旅行，規定拜訪薰衣草森林相關品牌；1 天尾牙假（森林人黏 TT 旅行）。公司規定旅行假為員工必休，必須繳交旅遊照片證明，未休者則以曠職論。許多員工都認為旅行假的設計讓他們感受到了薰衣草森林的幸福，如同「緩慢」金瓜石的店長綠茶認為：「在薰衣草森林工作的員工都很喜歡旅行，旅行假是我最喜歡的，最能感受到幸福的設計……」

王村煌董事長說：

「旅行是一種幸福；旅行代表了你對未知世界還有探索的熱情與行動力，這是一件非常非常重要的事情。你可能在任何地方找到幸福，即使那是百貨公司也有可能。」

這樣由企業提供的有薪員工旅遊，除了是休閒福利外，其實也是一種在職訓練。而除了旅行之外，薰衣草森林也鼓勵員工透過「輪調」的方式來拓廣視野，增加歷練。「眼界寬了，歷練多了，自然不會覺得不如人。」王村煌董事長說。

◉ 幸福集點平台

　　除了超幸福的 15 天旅行假外，2015 年底起，薰衣草森林內部又推出一項令員工感到幸福的集點活動——「幸福集點平台」。集點方式非常多，像是幸福事件的分享、參與志工活動、創新提案，以及薰衣草森林給予夥伴的「微鼓勵」——依照上班的天數以及表現，給予夥伴鼓勵點數。薰衣草森林人才發展部經理蕭淑文表示：

　　「目前薰衣草森林正進行一個幸福集點平台活動，可以玩線上抽抽樂也能累積點數換禮物，而微鼓勵、愛笑等等都是可以集點的指標，比起上市公司使用很多硬體、福利讓員工擁有幸福感，薰衣草森林雖然也使用這種方式，但這個互評以及鼓勵的活動，讓夥伴自發性地做許多正向的事。」

　　員工們可以利用這些點數至集點平台進行抽抽樂，有機會讓點數快速累積，當然，也能慢慢累積點數，達到一定的數量後，即可選擇兌換獎品，例如：

好好吃早餐（兌換點數 500）：「吃早餐也是一種 rock n' roll style！一天就從好好吃早餐開始吧！提供好好早餐五客，Let's be a rocker！」

天堂路師傅（兌換點數 700）：「提供春不荖腳底按摩券一張（附足湯、肩頸按摩、龜苓膏）！體貼夥伴疲勞的身體，讓夥伴在勞碌後，能到春不荖享受片刻休閒，打起精神繼續傳遞幸福！」

全台跑透透為你代購（兌換點數 500）：「蝦咪～江蕙要封麥了啦！買不到演唱會門票怎麼辦？冰友啊～不要在售票系統癡癡地等了！更別說是貴森森的黃牛票！不論是買演唱會門票、福袋，我們將派出幸福小天使卯足全力為你代購喔！（兌換者需自付代購品金額，若小天使真的無法成功完成代購，則點數將全數退回予兌換者）」

好好戀愛（兌換點數 1500）：「不願讓你一個人……（大聲唱～）除了讓夥伴在薰衣草森林工作感到幸福，希望夥伴也能在情人節～不再孤單覺得寂寞！提供夥伴成為交友網站付費會員一整年！（年費上限：新台幣 1,500 元）」

　　蕭淑文經理也提到，薰衣草森林的夥伴組成多半是技職生，家裡環境未必非常好，但許多夥伴卻選擇將他們手中的點數捐給慈

▲ 充滿創意與幸福感的幸福集點平台

善團體（財團法人台灣兒童暨家庭扶助基金會、台灣世界展望會、財團法人流浪動物之家基金會等），讓人覺得很意外也很感動。由此可以發現，薰衣草森林對於員工的好，也透過員工，將這份美意以「分享幸福分享愛」的方式傳給更多人。

觀察薰衣草森林的幸福措施可以發現，要成為一個幸福企業，除了透過各種貼心的服務與設計，給外部顧客幸福的感覺外，對於內部員工幸福感的關注更是重要。管理者需從員工角度出發，除了優渥的待遇、福利外，能不能幫助員工成長、制訂相關的進修與升遷管道、關心員工的健康、鼓勵休閒活動，都是幸福企業必備的要素之一。

而員工受到薰衣草森林幸福的感染不只如此，薰衣草森林成立初期打造的森林咖啡館，不幸於 2012 年因祝融燒毀。為了紀念當初分享美好事物的經營理念，2014 年時任執行長王村煌請來獲得 2014 年「ADA 新銳建築獎特別獎」（ADA Awards for Emerging Architects）[21]的建築師曾志偉設計描摹，薰衣草森林的員工們則是自發性地利用上班以外的時間，徒手合力搬木板、釘釘子，花了近一年時間重新蓋回這座向夢想致敬的「初衷小屋」。

由上述事件可以看出，薰衣草森林強調「共好」、「利他」的核心精神也深深感染了員工，在大家普遍認為高勞力、低報酬的服務業，薰衣草森林卻可以在維持企業運作的過程中，兼顧員工幸福與企業社會責任，因此從眾多的產業中脫穎而出，成為具有企業公民精神的中小企業。

從薰衣草森林的管理以及對待員工的各項制度設計，都可以看出此企業很注重員工在這個工作環境中能不能滿足各個階層的需求、感受到幸福。就像薰衣草森林發展最重要的三個問題：員工在這裡工作，他們喜不喜歡？工作得開不開心？工作對他們有沒有意義？而在兩位創辦人與董事長王村煌理念的堅持下，相信對於薰衣草森林的員工來說，這三個問題的答案都是肯定的。

未來挑戰與願景

雖然創辦人之一慧君已經離開我們，但她的夢想還在持續成長茁壯，庭妃與村煌以及薰衣草森林的員工們，依然默默在守護著當初兩個女生的紫色夢想，並將夢想越做越大。

◉莫忘初衷

2015 年是薰衣草森林快速成長與發展的一年，自這年起，陸續成立了新的品牌：「緩慢文旅」及副品牌「緩慢尋路」，這些新的品牌，皆延續著薰衣草森林的企業經營理念「以設計為核心，具利他精神的幸福企業」宗旨邁進。

而海外的經營據點，也將由日本延伸至大陸，然而，大陸的拓展卻有著不同於日本的困難點。前進大陸對薰衣草森林而言，會是「夢想」與「善意」的延續，抑或是一個無法看清楚的黑洞？我們從創辦人庭妃特別在 2014 年的年度計畫會議中分享的想法，便可以感受到領導者的用心與遠慮。庭妃提及：

「從幾年前開始就不斷有大陸的合作邀約，在深思熟慮下拒絕至今，最近才因為南京開始有了眉目。可是，到現在我還是不斷地在思考，為什麼對方要找我們？他們要的是什麼？我們真的不會在大陸高度抄襲與模仿下鎩羽而歸嗎？我們在那裡的成功模式是什麼？我們在那裡真的可以如實地傳遞『夢想』與『文化核心』嗎？我非常相信由台灣出去打拚的這群夥伴，但我也必須說出我內心的期待與擔憂。我期待將森林的氣味與精神傳遞到對岸，讓對岸的人們透過在那裡的體驗，能夠有來台灣巡禮的動機，並激發他們築夢的勇氣與行動力，也希望我們在對岸呈現的是美好生活的提案，就如我們嚮往美瑛的生活般。不過，在高度人口、文化差異與金錢的誘惑下，我更擔心人心的迷失。對岸充滿了機會，卻也充滿了令人毀滅的黑洞。13 年前，慧君和我打造了薰衣草森林，只是想實現自己的夢想，完全沒有想到賺錢，我們想對客人好，想對夥伴好，也想對社區做些有意義的事，這樣的起心動念一直沒有改變，加上後來許多夥伴的努力，才造就今天如此與眾不同的薰衣草森林。我想對在台灣或即將去辛苦開拓的夥伴們說：一定一定要保持『初心』，一定一定要保持『善意』，一定一定要讓自己不被權力金錢的洪流捲走，還有，一定一定要保持快樂與健康平安。要記得我們是森林人！」

也是因為領導者秉持著創業初衷的思考模式，因此在前進大陸的進程上，薰衣草森林始終保持戰戰兢兢的態度，不敢貿然大量投入，而是先以輕資產的商業模式開始導入。

薰衣草森林人才發展部資深經理蕭淑文表示：「由於中國市場廣大，所以切入點相當重要，除了謹慎尋找合作對象外，對於中國的發展則抱持樂觀態度。」在長期規劃與評估後，2017 年的 4 月底，薰衣草森林終於跨出西進的第一步，在南京開設了第一間「香草舖子」，未來薰衣草森林將會持續進行切入地區的評估，依照各地區獨有的特色，以「心之芳庭」、「緩慢」兩個品牌為主軸設計，開設兼具遊憩、旅行及住宿的中、大型園區。

◉ 留才與擢才

品牌的持續擴展是薰衣草森林的重要前進目標，然而，下一個階段發展所需的人才是否能跟上此企業快速發展的腳步？是否能完全到位並符合各個品牌的發展現況呢？

薰衣草森林的員工大多數是年輕人，對於許多員工而言，薰衣草森林是他們的第一份或第二份工作，但隨著員工們年紀漸長、需要成立家庭時，便會遇到家庭與工作無法兼顧的難題，因為薰衣草森林大多數的據點都是在比較偏遠的郊區。因此近年來，人才的流動與栽培，對薰衣草森林領導者而言是非常重要的課題。

在邁向成為幸福企業的道路上，薰衣草森林是個典範，但在此基礎下如何深化至人員的留才並吸引更多優秀的人才進入，同時為下階段的組織發展而共同努力，在如此快速變動的環境下，這將是薰衣草森林面臨的另一個挑戰。

◉ 愛在瘟疫蔓延時

2020 年台灣受到 COVID-19 疫情的影響與衝擊，當時又發生有確診案例的郵輪停靠在基隆港，讓位處在九份附近的「緩慢」金

瓜石受到重大的影響，面臨到大量的退房潮；而「心之芳庭」亦因為疫情，原來預定好的多場婚宴都被新人退訂，造成重大的損失。雖然疫情造成薰衣草森林各品牌面臨到極大的困難與挑戰，但對於夥伴們的照顧卻沒有打折，反而在這段艱辛的時刻，公司花更多的時間與設計規劃，去關心所有的夥伴。

此外，原本薰衣草森林就會為夥伴們定期開辦專題講座，在疫情期間公司更特別舉辦了專業的醫師與營養師之專業知識分享，讓夥伴們可以學習如何好好照顧自己的健康。同時，透過公司的管理中心去瞭解各品牌店鋪的情形，當中最優先的就是關懷各據點夥伴們的健康情況，並與醫生合作幫夥伴進行健康檢查，找出每位夥伴 12 項健康基礎改善項目，幫助大家可以有效改善身體的健康與心理的壓力等。針對一級主管們，公司也特別為他們設計跟營養師一對一的晤談機制，主要考量到他們在疫情期間受到比較大的內外壓力，因此協助一級主管們從學習照顧好自己開始。

公司亦考量到夥伴們的經濟收入可能會受到疫情的影響，故給予夥伴們一筆三年 10 萬元的無息分期急難救助金，降低夥伴們的生活壓力；此外，如果有夥伴或其家人不幸感染疫情，或是需要住防疫旅館，公司亦會協助申請。

薰衣草森林面對嚴峻的疫情環境，除了照顧好夥伴，也同時對整個公司進行健康診斷，一方面努力開源，例如：設計新的體驗課程，帶遊客做香草水、進行薰衣草小旅行等；另一方面也積極節流，例如：與各房東們協商降低租金與申請政府的紓困補助等。

薰衣草森林企業在面臨疫情嚴峻的環境下，仍然不忘記要優先照顧好所有的夥伴及來到薰衣草森林各品牌遊玩的遊客們，冀望藉由不同的關懷機制與防疫設計，讓在薰衣草森林的大家都可以身心健康且平安順利，再次找回大家在薰衣草森林的幸福感！

◉ 山中美術館

面對未來的發展，薰衣草森林還有一個特別的夢想，董事長王村煌提及：

「現在有個瘋狂的想法，就是希望能在台灣山上蓋一座沒有館藏的美術館，全部以策展為主。」

想要蓋一間在山中的美術館，這樣的概念是參考由已故日本新興宗教神慈秀明會的領導人——小山美秀子（こやま みほこ）[22] 創辦的美秀美術館（Miho Museum）。

小山美秀子認為培養美學觀念可以提升心靈品質，因此她身體力行開始蒐藏美術品，最初以日本茶道古器物為目標，經過數十年，當收藏品越來越多時，小山美秀子興起了蓋美術館的想法。早在 1987 年，小山美秀子與其女兒為了設計一座有特色的鐘塔，便專程飛往紐約拜訪知名設計師貝聿銘（Ieoh Ming Pei）[23]，隨後貝聿銘即以日本三弦琴為靈感，設計一座山區中的鐘塔。過了幾年，小山美秀子再度邀請貝聿銘大師為其設計美術館，而貝聿銘則以「桃花源」為靈感，將美術館設計成為人間的世外桃源。

美秀美術館是日本相當知名的美術館，建築方式強調與大自然融合，為了不破壞自然景觀，建築主體有 80% 都隱藏於地面，

開挖的土石樹木在建築完工後也都一一種回，1997 年開幕，還被美國《TIME》雜誌 [24] 選入年度 10 大建築。美秀美術館的餐廳所提供的餐點皆使用自然農法（no fertilizer farming）[25] 種植的有機作物。

為了實現這個瘋狂的想法，薰衣草森林也在默默耕耘，尋求機會。未來將於北台灣規劃森林農場，包含了遊憩區、農業體驗區等；結合薰衣草森林豐富的餐廳、住宿、策展經驗，融合正在籌備的山中美術館，邀請知名建築師藤本壯介（そう ふじもと）[26] 進行設計，美術館完成時，想必會成為台灣的新「桃花源」！

雖然未來對薰衣草森林而言，仍然有許多未知的挑戰等著他們，舉凡如：各個品牌大都位在比較偏遠的山區，在人力與資源上將會造成比較多的管理問題；此外，目前發展快速的新品牌，是否能夠保持兩個女生最初的創業初衷，讓 2001 年開啟的兩個女生紫色夢想，能持續盛開與茁壯？這些都是目前薰衣草森林經營者必須面對的新挑戰！

但我們仍深信，在不久後的將來，薰衣草森林將會帶給我們更多的驚喜與幸福美好，讓我們拭目以待！

▲ 期待薰衣草森林帶給我們更多對未來的美好想望

討論問題

· 你的夢想是什麼？利用夢想板[27]繪畫出你（或團隊）的夢想吧！

· 你認為兩個女生的創業夢想為什麼得以實現呢？

· 薰衣草森林的願景是打造「以設計為核心，具利他精神的幸福企業」，請問如何定義其核心能力（Core Competence）？

· 一間公司要如何打造自己的幸福企業文化？又如何傳遞給客人？

個案注釋與**參考文獻**

1　毛家駿：畢業於交通大學應用藝術研究所，專攻工業設計。全球最美的 20 家書店之一的好
　　樣本事書店、好樣君寓皆出自他手。

2　良根：畢業於台灣藝術大學工藝設計研究所，現為自由插畫工作者，學生時期主修工業設
　　計，於 2005 年在網路上創立第一個 T-shirt 設計品牌「布哇軍糰」，並投入創意市集。於
　　2006 年創立另一品牌 Uglyfamily，是以台灣人物為主的插畫創作，也是奠定日後以台灣為
　　創作題材的起點。2009 年退伍後，在設計公司磨練一陣子，於 2012 年成為自由插畫工作
　　者，並與文字工作者郭漁共同成立二搞創意無限公司。

3　洪震宇：清華大學社會學碩士。曾任《天下雜誌》創意總監、副總編輯，策劃三一九鄉專
　　輯；《GQ》國際中文版副總編輯、《康健雜誌》副主編、《財訊》月刊記者，是台灣少
　　數跨財經、時尚與在地生活的創作者。現為自由寫作者、故事人與創意人，在城鄉各地擔
　　任媒體、飲食與品牌行銷的跨領域顧問，以說故事方式推動台灣深度之美，並持續進行節
　　氣與飲食的田野調查與寫作。著有《旅人的食材曆》、《樂活國民曆》等。

4　謝妙芬：美味部落格「妙‧家庭廚房」格主，除了替「好好」設計菜單外，也替好樣祕境
　　（VVG Highway）設計菜單。為知名的餐飲集團好樣（Very Very Good, VVG）創始股東之
　　一。

5　味丹企業（Vedan Enterprise Corporation）：味丹企業股份有限公司（簡稱味丹）是台灣一
　　家食品公司，總部位於台中市沙鹿區，並於中國大陸以及越南等地投資設廠。目前為世界
　　三大味精廠商之一。除味精外，1973 年之後陸續投入速食麵、飲料、綠藻等領域，近年來
　　也將經營觸角延伸至養生、保健、保養等產品發展，採取多角化經營。味丹為百事可樂公
　　司在台灣第二代總代理（第一代總代理為統一企業）。

6　米力：天生的玩家，後天的雜貨創作家，擅長為「物」注入靈魂，目前任職於知名卡片公
　　司的創意總監。以優雅的插畫、簡潔的文字創作出充滿幸福療癒感的作品而廣受歡迎。喜
　　歡穿橫條衫、喜歡喝紅茶、喜歡設計、喜歡旅行、喜歡老東西、喜歡繁華的花花世界。

7 中小企業節能減碳輔導計畫：節能減碳已成為國際間最受關注的課題，為協助廠商降低能資源耗用與溫室氣體排放，提升我國產業生產效率與綠色競爭力，經濟部工業局於 2014 年委託財團法人台灣產業服務基金會執行「製造業節能減碳服務團計畫」，提供「節能減碳技術輔導」以及「溫室氣體抵換專案示範推廣」，協助廠商診斷節能減碳潛力，落實節能減碳改善，或依循環保署溫室氣體抵換專案推動原則與程序，取得減量額度，獲得生產成本降低以及碳資產之雙重效益。

8 美瑛町（びえいちょう）：日本北海道上川綜合振興局轄下、上川郡範圍內的一個鄉鎮。由於境內的丘陵風光與夏季時的花田美景，而成為北海道地區非常著名的觀光勝地之一。美瑛町內有許多知名日本電視廣告的拍攝地點，因此每年都有大批遊客前來此地探詢那些曾在廣告中出現過的名景。

9 勿忘我：勿忘草屬（學名：Myosotis），是紫草科一年或多年生開花植物，共有 50 多種品種，其中有相當大的差別。儘管如此，它們仍然有相當多的共同特色，春季時，它們擁有蔓延莖及互生葉，會開出花瓣平展並有裂片五枚且直徑小於 1 公分的小型藍色花卉。

10 Jalan（www.jalan.net）：Jalan 線上網站開始於 2000 年 11 月 11 日。是日本最大的旅行線上預訂網站之一。在 Jalan 的網站能夠預約日本國內的旅館、飯店等設施，也販售高速巴士門票，以及日本國內的機加酒套裝行程、國內外的機票，甚至是海外的飯店。Jalan 幾乎免收取預訂費、取消費，讓顧客能安心訂房，若因故取消也不會扣款。

11 石梯灣 118：位於花蓮縣豐濱鄉港口村，該業主是一位醫師，亦是業餘的陶瓷藝術家。石梯灣 118 是由業主與新銳建築師陳冠華共同打造。設計概念始於「簡單生活」，傳達「少即是多，空即是滿」的哲學，拋棄過多的修飾與包裝，真正回歸一個房子的本質與原貌，堅持與所在地景自然融合，把主角全留給大自然。

12 彭志峰：逢甲大學建築系講師，也是綠色建築師。喜好將自然融入建築，常思考以不砍樹整地是否能做出綠建築。「薰衣草森林」為其所規劃設計。

13 吳翰中、吳琍璇（2010）。**美學 CEO：用設計思考，用美學管理**。台北市：繆思出版。本書是第一本為「台灣設計」和「品牌台灣」量身打造的設計美學管理圖文書，為企業建立設計美感與品牌知識，提升個人與企業的競爭優勢。

14 天下企業公民（Corporate Social Responsibility，簡稱 CSR）：1994 年，《天下雜誌》率先倡導「企業公民」（CSR）概念，在年度「標竿企業」評比中，加入「企業公民」評分項目。2007 年開始，《天下雜誌》將「企業公民」指標擴大，獨立成為「企業公民獎」，評選出廣為企業重視的「天下企業公民 TOP 50」，是帶動台灣社會躍升的重要力量。

15 公民獎小巨人組：年營收 50 億元以下，且連續三年獲利之本地企業，以及在台外商，可自由選擇參加上述之「天下企業公民 TOP 50」評鑑，或是「天下企業小巨人獎」評比。評選指標有四個構面，分別是公司治理、企業承諾、社會參與、環境保護。

16 Cheers 雜誌：《Cheers 快樂工作人雜誌》，簡稱《Cheers 雜誌》，該雜誌於 2000 年 4 月創刊，是一本在台灣每月發行的雜誌，也是天下雜誌出版集團的第三本雜誌，對象以年輕上班族爲主。內容主要報導職場新知與品味生活等議題。
出處：楊竣傑（2017）。幸福企業，如何讓勞資都有感？Cheers 快樂工作人雜誌，207。取自 https://www.cheers.com.tw/article/article.action?id=5086805

17 中華幸福企業快樂人協會：宗旨以「幸福企業、快樂人生」爲目標。以促進幸福企業爲主軸，提倡快樂正向觀念與活動，從事快樂感與幸福指數研究，培養優秀幸福企業管理人才，提升快樂人口。
出處：中華幸福企業快樂人協會（2021）。幸福企業。取自 https://www.joytaiwan.org/index/AboutShow.aspx?CDE=WEB20150327234544VOU

18 施振榮：1944 年生於台灣彰化鹿港，於 1976 年以 Multitech 爲名創立宏碁，擔任董事長暨執行長直至 2004 年首次退休。2013 年施振榮重返宏碁，帶領企業進行第三次再造工程，而後在 2014 年 6 月淡出日常營運，擔任宏碁公司榮譽董事長。身爲社會企業家，施振榮爲智榮基金會董事長，同時擔任台積電和南山人壽董事。在社會與公眾服務上，施振榮也是雲門文化藝術基金會董事長、台灣文化科技發展聯盟召集人。此外，也是公視文化事業基金會和華視的董事成員之一。
出處：官振萱（1999）。把員工幸福當責任—宏碁。天下雜誌，221。取自 https://www.cw.com.tw/article/5108176

19 Comparably：Comparably 是一家針對職場和薪酬相關的研究調查公司，成立於 2015 年，公司總部位於美國加州。Comparably 一共有 16 種獎項評比，每一季都會發布四個不同的獎項（3 月、6 月、9 月、12 月），最終會在年底頒發最大的獎項：最佳工作場所獎、最佳 CEO 獎、最佳女性公司獎和最佳多元化公司獎。自 2016 年推出至今，Comparably 擁有來自 50,000 家美國公司的近 1,000 萬名員工評分。

20 Ip (2009)：本篇文獻出處爲 Ip, P. K. (2009). Developing a concept of workplace well-being for greater China. *Social Indicator Research*, *91*, 59–77.

21 ADA 新銳建築獎特別獎（ADA Awards for Emerging Architects）：主辦單位爲台北市建築世代會，執行單位爲忠泰建築文化藝術基金會。設立初衷在於鼓勵國內外新生代優秀建築人才與作品出線，亦希望同步開啓新生代建築師與企業未來合作的契機，使台灣建築美學與

環境發展能走向網絡協力的友善型態。邀請台灣與國際間資深建築師、專業建築策展人，以及學術領域研究者擔任評審委員，作品評選重點將著重於獨特創造力、建築專業的完整統籌能力與作品成熟度。

22 小山美秀子（こやま みほこ）：小山美秀子1910年出身於大阪，因嚮往精神、情操高尚的環境，選擇了東京自由學園。受到基督教的教育，決心將自己的一切奉獻給社會。1941年，小山美秀子認識哲學家岡山茂吉，他是日本當時一個新教會「世界救世會」的創辦人。1970年，小山美秀子另創分支神慈秀明會，總部在京都東南部的滋賀縣甲賀市山中，致力於保護環境和藝術文物。小山秀美子本人收藏不少日本「茶道」的茶具以及藝術收藏品，為了給這些收藏品有一個永久展覽室，因而有了Miho美術館的出現。

23 貝聿銘（Ieoh Ming Pei）：為美籍華人建築師，1983年普利茲克獎得主，被譽為「現代主義建築的最後大師」，代表作品有美國華盛頓特區國家藝廊東廂、法國巴黎羅浮宮擴建工程、香港中國銀行大廈、1970年日本萬國博覽會中華民國館、東海大學路思義教堂，近期作品有卡達多哈伊斯蘭藝術博物館。

24 《TIME》雜誌：註冊商標為大寫的TIME，又譯《時代》週刊、《時代》雜誌等，是一份於1923年開始在美國出版的新聞雜誌，並且被公認為代表著美國乃至整個西方主流社會聲音的週刊，每期發行份數超過300萬份。

25 自然農法（no fertilizer farming）：自然農法是由福岡正信於1936年建立的農業系統，在日本稱為無肥料栽培（no fertilizer farming）或自然農法。是指不施肥、不施農藥（除草劑），仿自然耕作方式。使用「自然」一詞是為了與慣行農法中施肥、施農藥的耕作方式有所區別。

26 藤本壯介（そう ふじもと）：著名日本建築師。1994年畢業於東京大學工學院建築系，2000年即成立藤本壯介建築事務所。曾和台灣台南的佳佳西市場合作設計建築內部的「樹梯」。

27 夢想板（Dream Board）：又稱作願景板（Vision Board），是指將目標、理想、願望轉化為圖象拼貼，轉化為靈感與動力的來源。夢想板製作的重點並不只是剪裁與組合漂亮的圖片，而是去思考人生、整理理想脈絡的一個過程。夢想板的製作步驟是：目標設定，圖片素材蒐集，再整合各種素材製作而成。

「為什麼要做這一件事？」

它是漫長的付出與堅持，從 2010 年到 2017 年

只是，十家頂尖企業個案撰寫，卻一直看不到那個終點……

夢想，就是這麼一回事，No pains, no gains!

我們專訪兩岸超過 32 位企業創辦人、董事長、CEO、高階主管

為了更深入，超過 28 位中階主管、基層員工也被我們叨擾了一番

7 年來，每週的個案會議，用盡 20 多位參與夥伴的腦力、體力、洪荒之力

這件事呢，一輩子做一次就好！

而，「為什麼要做這一件事？」

因為我們的學生，需要更深度地向觀光餐旅企業學習

因為我們的企業，需要有更深入的標竿學習對象

終點，終於在眼前

謝謝香妃、玟妤、瑞倫、怡嘉、玫慧、振昌、佑邦、

立婷、亭婷、耀中、佩俞、宛鏧、曉曼、宣麟、悉珍、

思穎、重嘉、敏婕、岱雯、晏瑄、瑞珍、家瑀、陳琦、同氏海、

雅莉、侑蓉、宜軒、芷穎一路相助

更要特別感謝這十家台灣原生的頂尖觀光餐旅企業

沒有您們的首肯及持續鼎力協助，也很難做下去

如此精采，我們衷心感謝：(按完成順序)

好樣、易遊網、薰衣草森林、王品集團、晶華國際酒店集團、

老爺酒店集團、欣葉國際餐飲集團、雄獅集團、飛牛牧場、中華航空公司

王國欽 再版謹書于師大
2021 年

兩岸頂尖企業專訪與個案研究 75025

薰衣草森林的故事【第二版】

作者：王國欽、駱香妃、陳玟妤、陳瑞倫

執行編輯：陳文玲／總編輯：林敬堯／發行人：洪有義

出版者：心理出版社股份有限公司／地址：231026 新北市新店區光明街 288 號 7 樓

電話：(02) 29150566／傳真：(02) 29152928

網址：https://www.psy.com.tw／電子信箱：psychoco@ms15.hinet.net

郵撥帳號：19293172 心理出版社股份有限公司

排版者：菩薩蠻數位文化有限公司／印刷者：辰皓國際出版製作有限公司

初版一刷：2017 年 12 月／二版一刷：2021 年 6 月

ISBN：978-986-0744-15-6／定價：新台幣 150 元

ISBN 978-986-0744-15-6
00150
9 789860 744156

兩岸頂尖企業專訪與個案研究

Interviews and Case Studies of Elite Enterprises: Taiwan and Mainland China

王品集團 wow prime

王品集團的故事

第二版（2021 年版）

王國欽、駱香妃、陳玟妤、陳瑞倫　著

心理出版社

CONTENTS
目次

Wowprime